Magia Blanca

Amor, protección, dinero, trabajo

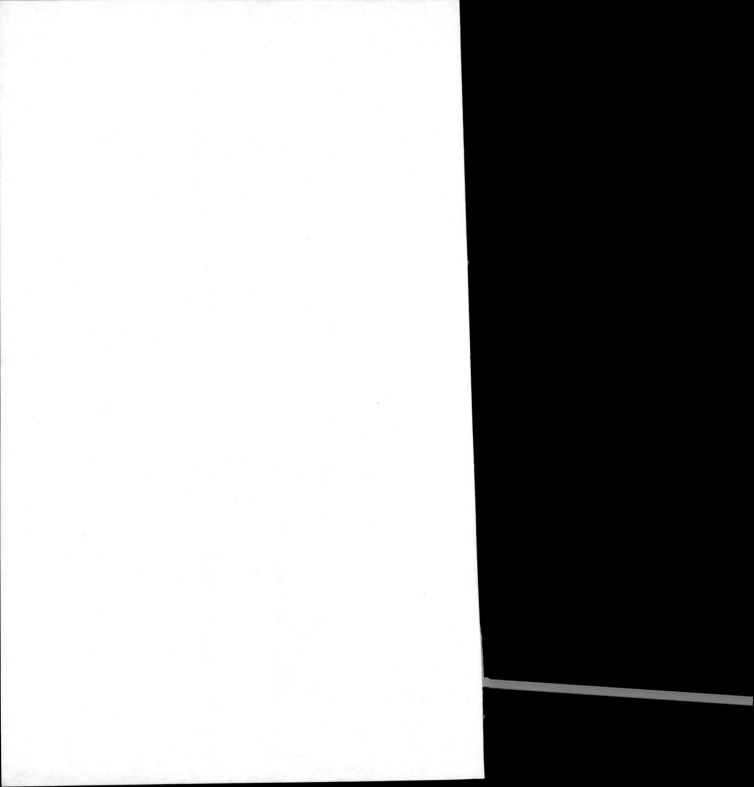

Luis Rutiaga

Magia Blanca
Amor, protección, dinero, trabajo

EDICIONES VIMAN, S.A. DE C.V.
COSECHADORES #13, COL. LOS CIPRESES
09810, MÉXICO, D.F.

1a. edición, marzo 2007.

© Magia blanca

© 2007, Ediciones Viman, S.A. de C.V.
Cosechadores #13, Col. Los Cipreses
09810, México, D.F.
Tel. 20 65 33 94
ISBN: 968-9120-59-X
Miembro de la Cámara Nacional
de la Industria Editorial No 3427

Proyecto: Luis H. Rutiaga
Diseño de portada: Emigdio Guevara
Formación tipográfica: Luis H. Rutiaga
Supervisor de producción: Leonardo Figueroa

Impreso en México - Printed in Mexico

Prólogo

Los practicantes de la magia podemos entender una concepción del mundo cercana al animismo, que sostiene la creencia de que los poderes y fuerzas de un iniciado pueden interactuar con la naturaleza para favorecer la realización de objetivos concretos, ya sean de índole espiritual o material.

Este universo aparente estaría ocultando una energía invisible y entidades espirituales también imperceptibles para un no iniciado, que, sin embargo, el practicante de la magia podría detectar, controlar e incluso dominar.

En esta visión entran en juego los espíritus, la energía interna del hombre, los elementales de la naturaleza, los ángeles, los dioses o cualquier otra manifestación espiritual en las diferentes formas que la religión o creencias populares y tradicionales les atribuyen.

La forma en que el practicante de la magia las detecta es mediante el entrenamiento en una filosofía y prácticas que afectan al fondo mental o astral del propio sujeto y la forma de manejarlas y someterlas se conoce como ritual.

Para que un trabajo de magia surta efecto, la persona que practica el ritual debe tomar en cuenta cuatro puntos muy importantes:

Tener muy claro su objetivo sabiendo que su subconsciente está conectado al subconsciente colectivo. Ver claramente las imágenes de lo que se desea conseguir. Debe dominar su imaginación para que la visualización del objetivo sea clara.

Debe mantener un alto poder de concentración, ya que es de esta manera cuando se produce la acumulación y amplificación de energía, la cual deberá utilizar en la visualización para llevar a cabo su objetivo.

Por ultimo, tener la convicción de que su objetivo se cumplirá indefectiblemente.

Una de las capacidades del ser humano es usar su palabra para emitir órdenes en los asuntos de su vida. El poder de la palabra es muy grande y en general los pensamientos tienden a materializarse.

Así, en la magia se usa la palabra para comunicarse con los seres vivientes, ya sea pidiéndoles ayuda o bien, una vez que ha hecho amistad con ellos, impartirles órdenes y de esta manera logra sus objetivos.

Gracias a los rituales y a las invocaciones, el practicante de la magia concreta sus flujos de energía utilizándolos en forma positiva. Por otra parte, la armonización con las fuerzas del universo, le permiten tener dominio sobre terrenos habitualmente desconocidos.

Adelante, que su práctica de rituales le lleve por buen camino.

Luis Rutiaga

Objetivos mágicos

Antes de comenzar a trabajar con un ritual, debería saber con exactitud qué es lo que quiere obtener. Imagine que usted y su objetivo mágico son como puntos sobre un mapa. Si no tiene idea de adónde quiere ir, tampoco sabrá qué camino tomar para llegar hasta allí. Debería ser capaz de expresar en una sola frase, clara y coherente, cuál es su objetivo, tal cómo podría nombrar un lugar sobre el mapa al cual querría viajar.

Al principio, algunos de estos deseos pueden parecerle negativos pero recuerde que es la intención última del ritual que determina si es negativo o no. Por ejemplo, "crear discordia" suena como algo malo pero puede ser un paso necesario para ayudarse en un momento difícil y hacerle avanzar nuevamente en la dirección correcta. Si tiene problemas para definir su objetivo, ofrecemos una lista con categorías mágicas generales para que se pueda guiar:

Amor, romance
Bendiciones y purificación
Paz
Abundancia, prosperidad

Empleo
Salud, curación
Fertilidad (humana, vegetal o animal)
Protección psíquica y autodefensa
Protección física
Fortalecimiento de la espiritualidad
Conexión con lo divino
Condiciones climatológicas
Atadura
Intensificación psíquica
Destreza mental
Crear discordia
Expulsar una mala costumbre
Expulsar a un espíritu funesto
Expulsar a una energía negativa
Expulsar a alguien de su vida
Satisfacer una necesidad física personal (casa, coche, etc.)
Auxiliar en intentos de proyección astral
Inducir sueños proféticos
Lujuria (aumento o disminución)
Suerte
Borrar de la memoria
Mejorar la memoria
Detener un acontecimiento actual
Alterar un potencial futuro
Examinar una vida del pasado
Adivinar el futuro

Para tener un ritual exitoso

En las ceremonias de magia blanca es imprescindible una correcta preparación personal y del ambiente en el que trabajemos para que nuestras vibraciones sutiles fluyan libremente y logremos cumplir con el objetivo mágico fijado. También es necesario tener en cuenta otros detalles cuando se realiza un trabajo de magia, como por ejemplo, el día de la semana en que se llevará a cabo, la fase en que se encuentra la Luna o los seres celestiales a los que precisamos dirigirnos para tener éxito en nuestro propósito.

Pureza

Cuando usted decide realizar cualquier hechizo o ritual, tenga presente que en todos los casos es necesario un proceso de purificación previa. De ser posible el día del ritual aliméntese con frutas y verduras, la ingesta de carnes rojas y bebidas alcohólicas está contraindicada. Tome un baño purificador y relájese una hora antes. Purifique sus gemas con agua y sal, y sus amuletos con humo de incienso. Trabaje siempre en un lugar limpio y tranquilo y en el que no haya demasiados objetos. Mantenga una permanente actitud de respeto y solemnidad.

Energía

Además de haber alcanzado un óptimo estado de pureza es preciso energizarse antes de llevar a cabo un procedimiento mágico. Lo ideal es haber dormido un adecuado número de horas y estar en un buen estado de salud. Una caminata al aire libre un par de horas antes del ritual e incluso una sesión de gimnasia suave puede ser de gran ayuda para aumentar nuestro nivel energético. Un excelente estímulo para recuperar energías es la ruda. Con la ayuda de la ruda se pueden convertir los pensamientos negativos en positivos, y disponer nuestra mente hacia los poderes mágicos. Para lograrlo cada vez que se sienta deprimido o pesimista frótese la frente y las palmas de las manos con aceite de ruda repitiendo: "Transmutación, transmutación, transmutación. Energía positiva, energía positiva, energía positiva. Yo soy el poder, la fe, y la energía positiva y transmuto este pensamiento (...) en este otro (...). Amén". (En los espacios en blanco anuncie con claridad qué es lo que se desea transmutar).

Para activar la confianza en sus poderes prepare una infusión con media cucharadita de ruda fresca o seca. Debe tener mucho cuidado en no excederse esta dosis, ni tomar más de dos tazas por día. Las mujeres embarazadas deben abstenerse a ingerirla.

Vestido

Si en una receta no se especifica qué prendas se deben vestir, usted puede incrementar su energía natural luciendo el color que le corresponde a su signo solar. A continuación especificamos el tono de cada signo, el día y la hora que corresponde al mismo y su gema zodiacal.

Tauro: Azul pálido. Viernes de 16 a 18 horas. Esmeralda, ágata, jade.

Géminis: Amarillo. Miércoles de 9 a 11 horas. Aguamarina, topacio, jaspe.

Cáncer: Violeta. Lunes de 21 a 23 horas. Ópalo, perlas, turquesa, marfil.

Aries: Rojo. Martes de 5 a 7 horas. Hematite, coral, diamante.

Leo: Anaranjado. Sábado de 5 a 7 horas. Rubí, ojo de tigre, ámbar.

Virgo: Verde. Miércoles de 10 a 12 horas. Jaspe, ópalo, turquesa, ónice.

Libra: Verde claro. Viernes de 18 a 20 horas. Aguamarina, ágata, malaquita.

Escorpio: Rojo. Martes de 0 a 2 horas. Topacio, granate, coral, rubí.

Sagitario: Morado. Jueves de 7 a 9 horas. Turquesa, amazonita, amatista.

Capricornio: Marrón. Sábado de 21 a 23 horas. Ónice, malaquita, azabache.

Acuario: Violeta. Viernes de 22 a 24 horas. Zafiro, amatista, lapislázuli.

Piscis: Azul. Sábado de 18 a 19 horas. Amatista, turquesa, ágata.

Todas las religiones del mundo creen en le poder de la oración y por ello recomiendan rezar a diario para mantenerse en contacto con los reinos celestiales. Las oraciones y rituales necesitan ser dichos de manera apropiada, en el momento preciso y con absoluta convicción de fe. Por eso, cuando se encuentre meditando, orando, o pronunciando las palabras mágicas de un ritual, recuerde que el pensamiento y la palabra se materializan y por lo tanto nuestro destino depende de aquello que pronunciamos.

Objetos rituales

Consagrar un elemento significa santificarlo, cargarlo con vibraciones positivas. Por eso la consagración de los instrumentos que utilice en los rituales propiciará un trabajo mágico más efectivo. Para la consagración proceda de la siguiente manera: Tome el objeto con su mano izquierda. Sosténgalo a la altura del pecho y concéntrese en la energía que le comenzará a transmitir rozándolo con su mano derecha. Visualice un fuego blanco que penetra en el objeto y bendígalo diciendo: "Por medio de la pureza del fuego te limpio y te bendigo en el nombre del altísimo". Este procedimiento es válido para energizar agujas, papeles, pañuelos y otros objetos indicado para los rituales.

Agua bendita

Si bien en muchos casos se utiliza agua bendecida por un sacerdote, existe un método para santificar, por nuestros propios medios, el agua. Por supuesto, al margen de este ritual, el grado de pureza del agua bendita dependerá de las vibraciones positivas que emanen de quien la bendiga.

Para santificar el agua en primer lugar, se debe poner una cucharada de sal en un plato y con las palmas de las manos hacia arriba, y sobre la sal, ordenar mentalmente el fluir de la energía diciendo: "Que esta sal sea pura y que esta misma pureza santifique todo lo que toque". Luego deberá poner las palmas sobre un recipiente con agua y pronunciar: "Esta agua consagro para que todas las influencias negativas sean expulsadas de ella y para que la pueda utilizar con seguridad en mis rituales". Finalmente mezcle el agua y la sal mientras dice: "Juntas la sal y el agua se convertirán en un poderoso instrumento para purificar y ahuyentar los demonios y la negatividad, si yo uso esta agua bendita en mis ceremonias".

Fases de la Luna

Anteriormente expusimos cuál es el día más adecuado para realizar un ritual, tomando como base el signo zodiacal de cada persona. Pero también lo rituales deben llevarse a cabo en una fase lunar adecuada y por eso, a menos que la receta lo especifique, tenga en cuenta los siguientes datos antes de realizar una ceremonia mágica:

Luna creciente (entre la luna llena y la luna nueva). Rituales de amor, de éxitos, fertilidad, salud, cambio y progreso general.

Luna menguante (entre la luna llena y la luna nueva). Rituales de naturaleza inversa, que tienden a la disminución: Poner fin a un amor, evitar que se cometa determinado acto, o acabar con situaciones maléficas.

Los puntos cardinales

Todas las ceremonias mágicas se pueden iniciar con una invocación a los puntos cardinales y la creación de un círculo de energía dentro del cual convocar a las entidades sagradas. Cada uno de estos puntos geográficos posee una vibración específica, útil de conocer para aprovecharla en nuestra vida cotidiana. A continuación encontraremos algunos rituales en los que no se especifica la dirección en la que debemos posicionarnos para realizarlo, para obtener ese dato y con la ayuda de esa brújula, podemos guiarnos consultando la siguiente tabla:

Vibración del punto Sur: Es la fuerte materia de la vida. Representa la riqueza en el plano material. Rituales de dinero, progreso en el trabajo y en el éxito profesional.

Vibración del punto Este: El aire y el trueno son sus elementos. Representa la comunicación afectiva. Los amores juveniles y la pasión creativa. Rituales de amor, enlaces afectivos, protección del hogar y armonía conyugal.

Vibración del punto Oeste: Es el final de los procesos, es el otoño. Representa el ocaso y la desintegración de la materia. Rituales en pos de una transformación muy profunda. Maduración.

Vibración del punto Norte: La consolidación de procesos creativos e intelectuales. Favorece el sentimiento de desapego, y estimula la actividad mental. Ceremonias relacionadas con viajes, éxitos profesionales e intelectuales.

Vibración del punto Central: Es el lugar por donde circula y a su vez se aquieta la bioenergía. Rituales de salud, concentración y armonización.

A su vez existen cuatro puntos intermedios, cuyos significados son:

Sureste: el lugar de la alegría y el bienestar. Su elemento es la madera.

Noroeste: el lugar de la paz. Corresponde al cielo.

Sudoeste: el lugar de la muerte y el más allá. Se vincula con la tierra.

Noroeste: el lugar de la inmovilidad. Asociado con la montaña.

Preparación del altar

Para realizar un ritual es necesario que tengamos preparado un altar, que, como su nombre lo indica, es un lugar en donde se realizarán las prácticas mágicas.

En primer lugar, se deberá proceder a la limpieza convencional de la habitación en la cual se llevarán a cabo los rituales.

Una vez desinfectado el lugar deberá hacerse lo siguiente: agregar al contenido de una cubeta con agua limpia, incienso de sándalo, de mirra y de benjuí. Además colocar dentro de la cubeta hojas de ruda macho y hembra, romero y un poco de vinagre. Limpiar la habitación desde adentro hacia afuera.

Luego, sobre una mesa (preferentemente redonda si es que se va a trabajar con velas) disponer un trozo de tela de color blanco (a menos que el ritual mencione otro color) y colocar sobre ella un florero con flores naturales y frescas de color blanco (se colocarán flores de otro color si el ritual así lo dispone).

En el caso de que se coloquen imágenes religiosas (esto se hace a criterio de quien realice la ceremonia) las mismas se colocarán en la parte de atrás del altar y se respetará el siguiente orden: en el centro se colocará la imagen de Jesucristo y a su izquierda una de la Inmaculada Concepción de María, otra de San Jorge, una de Santa Bárbara. Las imágenes pueden remplazarse por estampitas. También pueden agregarse las imágenes o estampas que considere necesario o con quien se sienta identificado quien realiza el ritual.

Acto seguido se deberá proceder a la purificación de todas la habitaciones de la casa y por último del recinto en donde se trabajará, a los efectos de alejar alguna carga negativa que pudiese haber quedado y acercar las energías positivas que emanan los elementos colocados sobre el altar.

Para la purificación se utilizará un incensario en el cual se pondrán tres carbones. Éstos deben encenderse y luego agregar sobre los mismos un poco de incienso, mirra, benjuí, sándalo, almizcle, nardo, jazmín, lavanda y ruda.

Si se han colocado sobre él imágenes o estampitas, deberán tomarse una a una y hacerles llegar el humo que sale del incensario.

A continuación puede procederse a realizar el ritual.

Lo que aquí hemos mencionado debe tomarse como rasgos generales, ya que pueden agregarse los elementos que cada ritual demande.

También es importante que la tela que se use para cubrir la mesa del altar se emplee exclusivamente para ese fin.

Rituales para el amor

Hechizo para amarrar un amor

Con este conjuro se debe tener mucho cuidado ya que a veces queremos conseguir a alguien pero cuando lo tenemos nos cansamos. Para conseguir que alguien que no nos quiere y está con otra persona la deje y se enamore de nosotros deberemos conseguir un mechón de pelo de esa persona; si es difícil conseguirlo, podemos hacerlo con unos cabellos suyos (de un peine por ejemplo). En una cazuela de barro debemos hacer una pasta con cacao, azúcar, harina y leche (como si fuera un dulce). Debemos conseguir que quede pastosa. Una vez que tengamos esta mezcla la debemos untar en el mechón de pelo de nuestro amado/a; el conjunto resultante lo envolvemos en papel aluminio y lo metemos debajo de nuestra cama. Si no se puede meter debajo de la cama lo metemos debajo de la almohada dentro del forro. Ahí deberá estar durante dos semanas más o menos; si despide algún olor extraño deberemos envolverlo con más papel aluminio plata hasta que deje de oler. Tras dos semanas debemos enterrarlo en una maceta de nuestra casa que tenga alguna planta sana. En breve esa persona se enamorará locamente de nosotros.

Hechizo para alejar a una persona

Toma una hoja de color blanco (no vale de otro color). Se escribe en él una carta de amor lo más amorosa posible dirigida a la persona que queramos que nos deje de querer y se aleje de nosotros. La carta estará escrita con tinta roja y deberá estar firmada por nosotros. Una vez escrita tomamos un limón, y envolvemos una rodaja de éste con la carta. Ponemos todo en un plato, lo rociamos con un poco de alcohol, el suficiente para que arda el papel. Con mucho cuidado para evitar quemarnos prendemos fuego al conjunto. (¡Cuidado con tener las manos impregnadas en alcohol o saldremos ardiendo!). Si se prende totalmente habremos conseguido que esa persona se aleje y en breve nos dejará en paz.

Hechizo para liberar
de un amarre a nuestro amor

Los amarres son muy difíciles de quitar, sobre todo si la persona amarrada sentía algo por el/la hechizador/a antes del amarre, pero podemos intentar algo. Lo primero que debemos hacer es el conjuro de la menstruación (si somos una mujer). Si fuésemos un hombre... es más complicado. Necesitamos una lágrima nuestra que deberemos mezclar con jugo como en el conjuro de la menstruación y dar de beber a la amarrada. Luego necesitamos una foto del/de la que ha hecho el amarre a nuestra pareja; si no tuviésemos una foto suya escribimos en un papel su nombre y apellidos completos, tomamos este papel o foto y los frotamos con un limón por una de sus caras. Ahora debemos quemar el papel o foto totalmente con un mechero de gasolina. Mientras lo quemamos deberemos repetir: "Suelta a (nombre del amarrado)". Si no se quema completamente insistiremos con la llama a la vez que repetimos la frase. Ahora sólo nos queda rezar para que el conjuro tenga éxito ya que es muy difícil librarse de un amarre.

Hechizo para recuperar la pasión

Para recuperar la pasión en una relación necesitamos miel. Este conjuro sólo funciona si se es una mujer que quiere recuperar la pasión de su marido. Con el cuerpo limpio se debe untar la piel de los senos con miel, de forma que los cubran completamente. Ahora con una cuchara se recoge toda la miel y se mete en algún frasco. No importa que no se pueda recoger toda la miel, porque es pegajosa y muy difícil de recoger. Esa miel estará cubierta totalmente de sensualidad. Ahora sólo queda dársela a su pareja, recomendamos dársela como desayuno mezclada con leche un fin de semana que vaya a estar con usted. No se la de un lunes cuando vaya a trabajar no vaya a recuperar la pasión con la secretaria. Cada toma deberá de ser aproximadamente de una cucharada diluida, esa noche de seguro que tendrá pasión. Si se acaba la miel volver a repetir el proceso.

Hechizo de amor de Afrodita

Ingredientes:

2 velas rojas pequeñas consagradas
2 velas blancas pequeñas consagradas
1 aceite de Afrodita
Incienso de Afrodita
1 bolsa de hierbas de Afrodita
1 figura de papel de corazón rojo

Preparación:

El hechizo o ritual se debe hacer luego de la caída del sol, en un lugar tranquilo y en soledad.

Primero: tomar dos velas rojas y dos velas blancas pequeñas, pasarles el aceite de Afrodita a las cuatro velas y encenderlas de la siguiente forma: primero una roja pensando en atraer a la persona amada hacia uno, luego una blanca pensando que ese amor sea verdadero, luego otra roja pensando en atraer a la persona amada y luego la blanca pensando que ese amor sea el verdadero.

Segundo: tomar un sahumerio de Afrodita y encenderlo concentrándose en la fuerza poderosa del amor y de la diosa.

Tercero: tomar la bolsa de hierbas y rociarla por dentro con el aceite de Afrodita.

Cuarto: tomar el corazón rojo y escribir en él: "Afrodita diosa del amor, envíame a mí el verdadero amor".

Quinto: poner el corazón dentro de la bolsa de hierbas y aceite y dejarlo cerca de las velas hasta que éstas se consuman.

Sexto: guardar la bolsa en un lugar seguro por treinta días. Luego enterrarla. Repetir el hechizo a los sesenta y a los noventa días.

Hechizo de Venus
para atraer el amor ideal

Ingredientes:

1 vela pequeña celeste o rosa consagrada

1 punzón consagrado

1 aceite de Venus

Preparación:

Primero: tener a mano una vela pequeña rosa o celeste (según el sexo que se desee atraer).

Segundo: desear firmemente atraer a la persona correcta, descartando a los que no lo sean, mientras se piensa esto tomar la vela y con un punzón o aguja (no usar cuchillos) grabar en la base de la vela un corazón.

Tercero: siempre manteniendo el pensamiento en encontrar a la mejor persona, tomar la botellita de aceite de Venus y con los dedos pasarlo por todo el exterior de la vela mientras se repite lo siguiente: "Venus, acércame el amor que yo deseo, a través de tu esencia permite que venga él (o ella) a mí".

Cuarto: dejar que la vela se consuma en forma natural.

Quinto: usar siempre unas gotas del aceite sobre el cuerpo (no más de 3 gotas por vez) para reforzar el encantamiento cada vez que se coloque el aceite repetir la frase: "Venus, acércame el amor que yo deseo, a través de ésta tu esencia permite que venga él (o ella) a mí".

Ritual para conseguir el amante perfecto

Ingredientes:

1 vela roja cilíndrica

1 centavo

Bolsa de hierbas

Cinta roja

Cuadrado de tela roja

Preparación:

Primero: tener cerca una vela roja, encenderla, y tener cerca una moneda (si es un centavo mejor).

Segundo: Poner las hierbas, la cinta roja y la moneda dentro de un cuadrado de tela (si es roja mejor) y con aguja e hilo rojo coserlo, luego llevarlo hacia el corazón mientras se dice: "Venus, reina del amor, divina criatura, dame el amante que busco y que me pertenece, perfecto él (o ella) y perfecta yo, juntos viviremos en pasión. Venus, reina del amor, tan dulce y cálida, dame el amante que haga cálidas mis noches y deseosos mis días y haz que nunca se aparte de mí".

Tercero: mantenga la tela cerca de su corazón y piense firmemente que su amante está viniendo hacia usted, luego ate la tela con la cinta verde para cerrar el hechizo.

Cuarto: lleve el hechizo con usted y cuando se acueste póngalo debajo de la almohada.

Quinto: cuando consiga a su amante, queme el hechizo y entierre las cenizas.

Hechizo para atraer el amor

Ingredientes:
> 1 bolsita de hierbas
> 1 vela roja
> 1 corazón rojo de papel
> 1 botellita de aceite de rosa y flores
> Alcohol

Preparación:
Primero: en un tazón mezclar las hierbas, luego tomar la vela y ungirla con el aceite de rosas, encenderla.

Segundo: tomar el corazón rojo y escribir en él su nombre, imagine que es su corazón, que está feliz, seguro, tranquilo y lleno de amor y pasión por la persona amada piense en esto por cinco minutos.

Tercero: ponga dos o tres gotas del aceite de rosas y de flores sobre el papel, luego ponga el papel en el tazón con las hierbas, ponga unas gotas de alcohol y quémelo.

Hechizo para tener a una persona amada

Ingredientes:
1 manzana
1 vela roja consagrada
1 carbón
1 bolsa de hierbas
1 botellita de aceite para amar
1 tela roja

Preparación:
Primero: conseguir una manzana verde y roja (que no sea completamente verde ni completamente roja). Este hechizo se debe hacer una noche de luna llena.

Segundo: encender la vela, y el carbón, poner las hierbas sobre el carbón, ponerse tres gotas de aceite en cada mano, siempre focalizando la atención en lo que se quiere conseguir.

Tercero: tomar la manzana y respirar sobre su lado verde, luego sacarle brillo con una tela roja mientras se dice lo siguiente: "dulce fuego, fuego rojo, calienta el corazón de mi amado/a y haz que me mire a mí".

Cuarto: tomar la manzana con la otra mano y besar el lado rojo mientras se repite lo siguiente: "dulce fuego, fuego rojo, calienta el corazón de mi amado/a y haz que me mire a mí".

Quinto: recitar lo mismo sobre la vela fijando la atención en la llama hasta que el carbón se apague, luego apagar la vela y ponerla debajo de la cama envuelta en una tela (que no sea negra).

Sexto: dejar la manzana en un lugar oscuro hasta el día siguiente, esto atraerá la atención del amado/a y si se logra que la persona coma un poco de manzana esa persona será suya durante el tiempo que guarde la manzana.

Hechizo para despertar el deseo amoroso y sexual en otro

Ingredientes:

1 vela roja consagrada

3 hebras de hilo del color del cabello del ser amado

1 botellita del aceite del deseo

1 trozo de papel

Preparación:

El hechizo debe ser hecho un viernes por la noche y funciona si la otra persona tiene algún interés por usted, lo que hace el hechizo es potenciar el deseo que siente esa persona hasta un grado elevadísimo. Es muy recomendado para usar con novios o maridos que perdieron un poco el deseo. La vela debe estar consagrada, no sirve cualquier vela roja.

Primero: calentar un poco la vela y pegarle tres hilos de coser que sean de un color aproximado al color de cabello de la persona a la que se quiere inflamar de deseo (si conseguimos tres cabellos de esa persona mucho mejor).

Segundo: tome la vela entre las manos y comience a pensar muy firmemente en la persona; visualice a esa persona viniendo hacia usted inflamada en deseo, luego visualice a esa persona junto a usted en la actitud que usted desea que tome.

Tercero: tomar el aceite y ponerse un poco en los dedos, pasarlo por la vela usando movimientos cuidadosos y sensuales como si se lo hiciera a su amante, mientras, continúe imaginando que ustedes dos están juntos.

Cuarto: prenda la vela y dirija una plegaria para que su amante venga a usted diciendo: "el amor es dulce, el deseo es infinito como acaricio esta vela quisiera acariciarte a ti y que tú me acaricies a mí, espíritus del deseo vengan en mi ayuda ahora".

Quinto: luego escriba el nombre de su amante tres veces en el papel y quémelo en la llama de la vela; mientras que el papel se quema diga en voz baja el nombre de su amante tres veces, apague la vela.

Hechizo para encontrar el verdadero amor

Ingredientes:
1 vela rosada consagrada cilíndrica
1 botellita del aceite del amor

Preparación:
Un viernes por la noche tome la vela rosada, enfocando su mente en el amor verdadero que quiere encontrar, recúbrala de aceite del amor con sus dedos usando movimientos que parezcan caricias mientras recita lo siguiente: "espíritus del amor, vengan en mi ayuda, dejen que pueda ver y encontrar al verdadero amor, espíritus del amor vengan a ayudarme para encontrar quien me acaricie como yo lo hago con esta ofrenda". Luego encienda la vela y

concéntrese en el pensamiento del verdadero amor durante quince minutos. Apague la vela y repita el ritual durante cinco días.

Rituales para San Valentín

Rituales y hechizos para el día de San Valentín, día de los enamorados, para que en el amor te vaya bien todo este año, o para recuperar la relación sentimental con una persona de la que estés enamorada.

El nombre de Valentín implica valentía para defender un amor limpio y divino, sin ataduras, es por eso que todos los hechizos y rituales que realice deben ser para generar buenas energías en la pareja y no para amarrar voluntades. De ahí que los enamorados defiendan sus sentimientos bajo la advocación del santo contra las oposiciones familiares o las adversidades del entorno.

Ritual de los pétalos de rosas

Se meten en un sobre blanco tantos pétalos de rosa de color rojo como años tenga la persona amada, junto con la misma cantidad de pétalos pero de color blanco, que años tengamos nosotras(os), luego se añade si se tiene unas gotas de los perfumes personales de ambos y la siguiente oración escrita con lápiz en un trozo de papel blanco inmaculado:

"San Valentín potencia el amor de (escribir el nombre de la persona amada) hacia mí, haz que me ame, haz que sienta una pasión sinfín, que vuelvan sus besos a mis labios como cuando lo conocí, que sus caricias recorran mi piel, que no deje de hacerme sentir, que cuando esté lejos siempre vuelva aquí. Que no se fije en otra persona, y lo que siento yo por (escribir el nombre de la persona) lo sienta (escribir el nombre de la persona) por mí".

A continuación se mete una estampa de San Valentín dentro, se cierra el sobre hermético y se guarda en un lugar seguro o debajo del colchón donde duerme la pareja.

Si por alguna razón otra persona que no seamos nosotros abre el sobre, con toda seguridad el amor en esa pareja se romperá o la persona que intentamos que sea nuestro amor se alejará.

Ritual de amor

Dibuje en un papel una estrella de cinco puntas y píntela de color rojo. En el centro de la estrella escriba el nombre y el primer apellido de la persona en cuestión. Encienda una vela de color rojo, y queme lentamente el papel con su llama. Deje el papel en un cenicero hasta que se consuma, mientras piensa intensamente en su amado(a).

Ritual de amor

Se toman dos velas una de color rojo y la otra rosa, a continuación se impregna con el perfume de la persona amada la de color rosa, y con el perfume propio la roja, se encienden el día de los enamorados, el 14 de febrero, hasta que se consuman las dos por completo, después los restos de la cera se tienen que guardar dentro de un sobre blanco, el cual se cierra hermético; después, hay que colocarlo en un lugar donde nadie más pueda abrirlo ni tocarlo.

Hechizo de amor

Ingredientes:
1 limón
7 clavos plateados
7 cintas de color rosa o azul, de acuerdo a la pareja

Preparación:
Ante todo tenemos que lavar y purificar bien el limón, tras lo cual clavaremos los siete clavos plateados en diferentes partes del mismo, visualizando el corazón de la pareja deseada; a continuación ataremos las siete cintas (rosa si es mujer, azul si es hombre), utilizando una cinta por clavo.

Una vez realizada esta tarea, recitaremos la siguiente plegaria:

"San Valentín, patrón de los enamorados, que de la misma manera que yo toco este limón, tu poder y sabiduría, introduzcan en el corazón de mi amado (*se puede decir el nombre de la persona*) el amor que yo siento por él (o ella) si ello es de ley".

Curiosamente algunos esoteristas creen que este hechizo pertenece a la magia negra, pero no es verdad, ya que lo único que estamos pidiendo es amor, sin deseo de dañar a nadie, ésta es la razón por la que incluimos este hechizo.

Hechizo de amor

Hechizo de la dulce miel: Escriba con un lápiz negro, tres veces sobre un papel, el nombre de la persona que desea enamorar, póngalo encima de un papel de aluminio, y vierta sobre él una cantidad moderada de miel de abeja o de romero.

Envuélvalo todo y vaya diciendo mentalmente: "No es este papel lo que quiero enamorar, sino a (*el nombre de la persona querida*)".

Seguidamente, el paquete forrado se enterrará en el suelo, mejor en el jardín o una maceta, para poder quedar en el mayor de los secretos.

Si viéramos que el efecto es algo lento, lo volveríamos a hacer hasta tres veces, con la seguridad que como máximo a la tercera, conseguiremos ver realizados nuestros deseos.

Amarre de amor

Ingredientes:

2 muñecos de cera rojo (velas)

1 metro de cinta roja

Extracto de amarre sexual

Orina de la persona que quiere amarrar

3 cucharadas de miel

1 lata

Preparación:

Se colocan los nombres correspondientes a cada muñeco, el de la persona que se quiere amarrar de arriba hacia abajo y el de uno de abajo hacia arriba; luego se atan los dos muñecos de frente con la cinta roja, después se colocan dentro de la lata y se bañan con la orina, el extracto y la miel, estos se deben dejar dentro de la lata pero sin cubrir los muñecos, luego se reza la oración al espíritu del desespero y se encienden las velas.

"En esta hora de amargura para mi alma agobiada por la incertidumbre; yo te invoco con toda la fuerza y voluntad de mi espíritu, para que te posesiones de los cinco sentidos de (*nombre de la otra persona*) subyugándole a mi exclusiva voluntad, y que sólo a mí me dedique su fe, amor y fidelidad.

"Ven, ven espíritu del desespero, oye esta súplica que te imploro en el nombre del Padre, del Hijo y del Espíritu Santo. Amen".

Se rezan tres Padrenuestros, tres Avemarías, una Salve y un Credo.

Amarre de amor

Ingredientes:

1 velón rojo

1 velón morado

Extracto de pega-pega

5 cintas de diferentes colores

7 velas blancas

1 cucharada de miel

Extracto de dominio

3 cigarros puros

Preparación:

Escribir en el velón rojo el nombre de la persona que ata de abajo hacia arriba tres veces, en el morado el nombre de la persona que se quiere atar de arriba hacia abajo. Frotar los dos velones con los dos extractos a la vez que se va pidiendo lo deseado, luego atar los dos velones con las cintas y colocar las velas en círculo encerrando los dos velones. Conjurar los tabacos con la siguiente oración.

"Dios omnipotente, padre misericordioso, resplandor de resplandores, justicia suprema, sal de sales, cinco nombres distintos en un solo poder, Dios y la naturaleza son una misma cosa. Por el milagro de la cruz, el santo madero que llevó Cristo a sus espaldas para librarnos de todo mal.

"Te pido que los cinco sentidos de (*el nombre de la persona*) quiero dominar en el presente y el futuro; para que cuando vea, él me vea, para cuando oiga, él me oiga, cuando yo mire, él me mire, cuando yo toque, él toque y cuando suspire, él suspire; así mis cinco sentidos estarán unidos por Dios en un mismo pensamiento. Dios y la misma naturaleza".

Después encender las velas y siguiendo con los velones hasta terminar con los tabacos.

Hechizo de amor

Ingredientes:
Papel de pergamino
Flores del campo silvestres
Velón "ven a mí"
Almizcle

Preparación:
Escriba con tinta verde en el pergamino el nombre de los dos, de forma cruzada. Encienda la vela y cuando ésta se consuma, escriba sus deseos en el papel y rocíelo con unas gotas de almizcle. Guárdelo en un saquito de tela color rosa fuerte, con las flores silvestres que estarán cerca de la vela mientras que quema.

Como regalo a San Valentín, obsequie a su enamorado/a una vela de los tres ángeles.

Ritual de atracción

Ingredientes.

3 velones rojos
Aceite de altar mayor
Aceite atrayente
Lamparilla
Foto de la persona que se quiere amarrar
Prenda usada por la persona (o un trozo)
Papel pergamino
1 vaso
Sahumerio de amor

Preparación:

Se hierve la prenda usada por la persona y parte del agua se pone en el fondo del vaso, se añaden los aceites de altar mayor y atrayente, y se enciende una lamparilla en el vaso.

Después se coloca la foto de la persona debajo del mismo, junto con el papel pergamino en el que previamente se ha escrito el deseo.

Se enciende el sahumerio de amor en un platito delante del vaso.

Se colocan los tres velones formando un triángulo y en los que previamente se han escrito el nombre y los apellidos de la persona a dominar y se encienden (siempre con cerillas de madera).

Se reza la oración.

Hay que dejar que los velones se consuman del todo. Hay ya velones preparados para este ritual, con sus aceites y yerbas. Como el velón de Santa Marta o el de Don Juan del Dominio.

Conjuro para reconciliación

Ingredientes:
1 vela roja
1 plato blanco
1 papel pergamino
1 extracto sanador de ambiente
1 cucharada de miel
1 cinta roja
1 frasquito de agua bendita

Preparación:
Escribir en el pergamino el nombre de las personas que se quiera reconciliar, rociarlo con el agua bendita y el extracto sanador de ambiente, ponerle la miel a la vela, luego se envuelve la vela con el pergamino y se ata con la cinta. Encenderla, ofreciéndola a Changó para unir los cinco sentidos de (nombre) y (nombre). Luego poner la vela en el plato blanco y al terminarse de quemar colocar el resto que haya quedado al pie de un árbol.

"¡Oh, Changó! Yo quiero de todo corazón entregarme a ti, hasta el último instante de mi vida, y en aquel último minuto de mi paso por este destierro quiero amarte; y como entonces no estará en disposición mi miserable cuerpo para hacerlo, desde hoy deseo lo empieces a recibir de mi pobre alma durante los días que me quedan en esta vida para que obtengas un gran desprendimiento de la tierra y de mismo, y en mi muerte, el que yo pueda verte. Te ruego se haga efectiva y para bien la reconciliación entre (*nombre*) y (*nombre*) y sirva para tu gloria. Amen".

Rezar tres Avemarías y una Salve.

Ritual para amarrar y cautivar

Ingredientes:
   1 vela doble roja
   1 pergamino
   Esencia de amor
   Azúcar

Preparación:
Este ritual es muy efectivo, se debe realizar en viernes de luna creciente.

Escriba en el pergamino tres veces el nombre de la persona a amarrar hacia abajo y el suyo alrededor de éste. Mezcle la esencia con el azúcar y unte el pergamino. Encienda las dos mechas de la vela, primero la de la izquierda pensando en una de las personas a amarrar. Seguidamente encienda la mecha de la derecha visualizando a la otra persona. Coloque al lado el pergamino escrito. Hacer la oración:

"En el nombre del espíritu de los cinco sentidos, Yo (*nombre*) conjuro a (*nombre*) y ofrezco esta luz al espíritu vivo, juicio, pensamiento y voluntad de (*nombre*). Para que no piense sino en mí, en cualquier parte que se encuentre y no tenga otro pensamiento que no sea el mío, que gusto no tenga hasta que a mi casa no venga. Ven, ven espíritu de los cinco sentidos, subyúgalo a mi voluntad. Oye esta súplica en el nombre del Padre, del Hijo y del Espíritu Santo. Amén".

Una vez consumidas las velas, recoja los restos, junto con el pergamino y entiérrelos en un árbol frondoso o una maceta.

Ritual para amarrar

Ingredientes:

1 amarre haitiano
1 pergamino
1 vela de cera virgen
Azúcar.

Preparación:

Realizar en martes de luna creciente.

¡Es importante tener en cuenta que un amarre no puede forzar una situación o relación, sólo se puede realizar cuando una relación está bien y quiere mantenerla o mejorarla!

Escribimos en el pergamino siete veces el nombre de la persona amada, lo enrollamos y lo introducimos en el frasco de amarre haitiano junto con una cucharada de azúcar. Podemos introducir también cosas personales de la pareja, pelo, uñas, trozo de ropa, etc. Lo cerramos y agitamos varias veces. Encendemos delante del amarre la vela. Decir estas palabras: "Ofrezco esta lámpara seca al espíritu en vida de la persona que desea amarrar para que esté a su lado siempre y no la abandone jamás". Cuando se consuma la vela llevaremos el frasco a un sitio donde corra el agua, río, mar, etc., y lo lanzaremos lo más lejos posible.

Ritual para dominar-amansar

Ingredientes:

1 perfume de "corderito manso"
1 pimiento rojo
1 pergamino
Azúcar
1 vela roja

Preparación:

Abriremos el pimiento por la parte de arriba, quitando la parte de la semilla y el sombrerillo, escribir en el pergamino tres veces el nombre de la persona en dirección horizontal. Doblar el pergamino tres veces e introducir dentro del pimiento, añadir tres cucharadas de azúcar diciendo: "No es un pergamino lo que endulzo; es el espíritu vivo, juicio, pensamiento y voluntad de (nombre)". Agregar tres cucharadas de "corderito manso" diciendo: "No es un pergamino lo que con este perfume tranquilizo; es el espíritu vivo, juicio, pensamiento y voluntad de (nombre). Luego proceder a tapar el pimiento con la parte que cortamos y envolver en papel de aluminio y meterlo en el congelador.

Para completar el ritual encenderemos una vela roja o cera virgen, previamente la habremos uncido con un poco de "corderito manso", la ofrecemos al espíritu dominante diciendo: "Yo te conjuro (nombre) en el nombre de Jesús, María y José, con este conjuro, te reconjuro, vendrás a mis manos, como corderito manso lleno de amor y atención hacia mí".

Hágalo con fe y obtendrá buenos resultados. El pimiento puede permanecer en el congelador todo el tiempo que consideremos necesario.

Ritual para unir a dos personas

Ingredientes:

Agua (recogida el día de luna llena)
2 fotos
1 vela verde
1 tazón

Preparación:

Realizar en viernes de luna llena.

Rocíe con agua (de un río o arrollo) una foto suya y otra del amado/a. Coloque después la vela verde dentro del tazón. Llénelo con la misma agua y encienda la vela. Fíjese en el reflejo de la vela sobre las fotografías. Visualizar la llegada de la persona amada viniendo a su encuentro y decir el siguiente conjuro: "Por el agua sagrada, mi amor, ven hacia mí como un río que desemboca en el mar. ¡Boga hacia mí, amor! Aquí encontrarás el final del viaje. Y en tu corazón sabrás que nuestras vidas se deben unir". Visualiza este encuentro hasta que la vela se extinga en el agua.

Ritual de unión

Ingredientes:

2 figuras de cera (hombre y mujer)
Cinta roja
Cinta azul
Cazuela de barro
Agua
Azahar
Azúcar
Incienso

Preparación:

Realizar en viernes de luna creciente. Escribir en las figuras de abajo hacia arriba, el nombre de las dos personas que vamos a unir, con la punta de una tijera. En la cinta azul escribir en color rojo el nombre masculino y en la cinta roja escribir también en color rojo el nombre femenino. Uncir las figuras con la mezcla de azúcar con unas gotas de agua de azahar. Unir las figuras con las dos cintas, hacer siete nudos pensando en la unión de la pareja. Encender el incienso y las figuras, pidiendo la unión de la pareja (Juan de Amor), dejar consumir las velas hasta el final. Los restos de cera y cintas envolverlos en un papel rojo y guardar en un lugar no visible a nadie. Conservar el tiempo que sea necesario y después de conseguir la unión, enterrar en una maceta o jardín.

Ritual de los enamorados

Ingredientes:

1 vela roja

1 vela blanca

1 aguamarina

Incienso de rosas

Oración a San Valentín

Preparación:

Comenzar el ritual a partir de las 00:00 horas de la noche del 13 al 14 de Febrero.

Escribir en la vela blanca desde la base hacia la mecha, nuestro nombre y el de la persona amada si la tenemos. En la vela roja escribir de igual manera el deseo o petición de amor. Colocar las velas cada una en un extremo y en el centro colocar el amuleto (aguamarina) y nuestro perfume habitual y al lado el incienso. Encender el incienso y las velas y efectuar la oración a San Valentín.

Cuando se consuman las velas, colocar el amuleto en la ventana durante toda la noche y el día de San Valentín recogerla por la mañana. Si tiene pareja deberá dejarla siete noches seguidas bajo su almohada y después regalar a su pareja. Si no tiene pareja, lo guardará hasta que la tenga y la pueda regalar. El perfume se utilizará de manera habitual, especialmente cuando podamos ver a la persona que nos interesa.

Talismán del amor

Ingredientes:
1 piedra imán
1 vela roja
1 saquito rojo

Preparación:
El talismán va a potenciar sus encantos personales y facilitará su relación con otras personas. En el caso de las parejas, deberán llevarlo en el saquito rojo junto a las fotografías de la pareja. Para atraer a alguien, deberá encender la vela, tomar con la mano derecha el talismán y colocándolo sobre su corazón, pedir a las fuerzas ocultas y desconocidas, en voz alta: "Os ruego entidades que me ayudéis. Os pido con fuerza que (nombre de la persona amada) se fije en mí".

Cuando se encuentre ante una discusión de pareja, debe tenerla cerca y tocarla, de esta manera suavizará las tensiones. Esta piedra sirve también para atraer todo, dinero, trabajo, salud, etc.

Ritual para conseguir amor

Ingredientes:

3 velas rosas

Pergamino

Cuarzo rosa

Incienso de rosas

Cinta roja

Preparación:

Realizar en viernes de luna creciente. Escribir en el pergamino con lápiz rojo nuestra petición, atar con la cinta roja y hacer siete nudos, pensando en nuestro deseo. Colocar las velas formando un triángulo y en el centro colocar el pergamino y el cuarzo rosa.

Encender las velas con cerillas de madera y el incienso junto a las velas. Hacer la oración a Juan del Amor y nuestra petición.

Dejamos consumir las velas hasta el final, los restos de cera, el incienso y el pergamino los enterramos en una maceta, el cuarzo rosa lo llevaremos siempre con nosotros.

"En nombre de Dios todopoderoso os pido que me protejáis ángeles guardianes, inspirarme para que Juan del Amor interceda en favor mío para que no piense ni tenga otra pasión si no es por mí y que yo siempre sea de su agrado y cuando me vea tenga iluminación para mí que yo seré su luz de amor, que Juan haga que su espíritu siempre la/lo tiente hacia mí".

Para obtener buenos resultados se prende una vela de Juan del Amor, y se reza un Padrenuestro a nombre de Juan del Amor.

Rituales de protección

Hechizo contra la negatividad

Ingredientes:

4 gotas de eucalipto

2 gotas de alcanfor y una gota de limón

Preparación:

Disolver todos los ingredientes en agua, bien sea en la bañera o en un recipiente. Cuando su cuerpo reciba este baño lo ayudará a liberarse de las energías negativas. Prender un incienso de canela para armonizar.

Hechizos para la protección de casa

Limpie su casa con jabón azul derretido en agua. Después hierva ramas de albahaca morada, y añádale esencias de mejorana, nuez moscada y benjuí. Con esta mezcla limpiar nuevamente; quitándole el jabón y encendiendo una vela de color blanco. Impregnando la casa de aceite de almendra y ofreciéndola a San Cipriano para que saque todo el mal que perturba la casa. Utilizar inciensos de canela o vainilla para despejar y armonizar. Utilizar mucha agua, flores para adornar, música y pensamientos positivos.

Hechizo para la protección de casa

Si tiene alfombra riegue canela en polvo y cuando pase la aspiradora sienta que está absorbiendo todo lo negativo y los obstáculos. Ofréndele agua a los Maestros de la Luz y encienda una vela. Si no tiene alfombra, utilice los inciensos de canela y limpie con esencia de canela.

Hechizo de protección para los niños

Cuidado con la armonía y la limpieza de la habitación del niño. No debe dormir con él si tiene problemas o está negativo porque le absorbería su energía rosada. Utilice inciensos de canela, vainilla o sándalo. Ofrézcale agua a sus ángeles guardianes. Escuche sus pesadillas como algo normal y buscándole una explicación. Puede hacerle una cruz en la espalda antes de dormir y debe tener en la habitación una cruz de madera con un lacito de color rojo. Acuérdese que los niños hasta los cuatro o siete años absorben el mundo invisible con la misma naturalidad que aquí abajo. La música suave y de meditación es buena para armonizarles y desarrollarles sus centros síquicos.

Protección para el coche

En un envase, colocar cinco limones cortados en cruz, esencias de romero, pino, y verbena; agréguele dientes de ajo y póngalo debajo de los asientos por una noche para que recoja las malas vibraciones. Al día siguiente deberá tirarlo.

Luego haga una bolsita de color verde y póngale laurel, rajitas de canela, un crucifijo pequeño, una ramita pequeña de albahaca o pino. Ciérrela y póngala en la guantera y diga en armonía con la naturaleza: "éste carro va siendo dirigido y protegido en armonía y amor".
Rezar un Padrenuestro.

En caso de "maldiciones"

En caso de maldiciones, bromas insensatas o intenciones de dudoso efecto, actúe inmediatamente imaginándose un gran espejo frente a su cuerpo, cuya parte brillante refracte energéticamente cualquier onda o intención negativa hacia una brasa de fuego, creada también mentalmente, que la consume y trasmuta. Nunca se la refleje a un atacante o emisor porque al reflejársela le está haciendo mal, equivaliendo esta defensa a una venganza que pronto se le manifiesta a usted en Karma. La venganza no es la mejor defensa.

Nuestra mente y el agua

Ingredientes:
Un rosario
1 vela blanca
Agua
Incienso

Preparación:
Prepare su ambiente para efectuar su ritual: Poner una música de meditación, clásica o relajante, incienso de vainilla, rosa, o canela. Puede poner un vaso de agua en el

lugar donde ejecute la protección y sentado en armonía consigo mismo (a), y después de ponerse el rosario en el cuello, pedir luz y fuerza de protección, visualizar la puerta y hacerle mentalmente una cruz, luego hacer lo mismo sobre cada ventana del recinto donde ejecute el trabajo, encendiendo la vela blanca y dando gracias a la Santísima Trinidad, sintiendo que allí sólo entrará lo correcto en armonía y paz.

Hechizo para deshacer "trabajos"

Ingredientes:
Barra de jabón azul
Un recipiente
40 velas moradas
Pergamino
7 granos de sal

Preparación:
Debe escribir en la barra de jabón azul lo que quiere deshacer. Con los granos de sal hacer una cruz sobre la barra de jabón. En el pergamino debe escribir los problemas que se desean deshacer o los trabajos. Luego colocar el pergamino debajo del recipiente. Poner dentro del recipiente la barra de jabón ya trabajada y proceder a llenarla con el agua, preferiblemente bendita. Rece la oración San Deshacedor:

"¡Oh, Poderoso San Deshacedor! Justiciero controla la maldad y la codicia. Hoy vengo humillado a tus plantas a pedirte permiso para que según yo vire esta vela que tengo en la mano, así le vire a mis enemigos lo malo que me estén haciendo, sea hombre o mujer. San Deshacedor, glorioso héroe contra el mal y la injusticia, yo te ruego que según yo he venido humillado a tus plantas, así mismo deseo lo hagas con mis enemigos, haciéndolos venir a las mías, a mis contrarios, en el nombre del Padre, del Hijo, del Espíritu Santo y la corte celestial. Que con estas palabras benditas llame yo a mis enemigos y vengan humillados a mis plantas, como fue humillado Satanás a los pies de San Miguel, que tengan ojos y no me vean, corazón tengan y sean prisioneros, sentidos y en mí no piense, cuchillo y no me corten, carabina tengan y no me disparen, boca y no me hablen. San Deshacedor: deshaz en mi casa todo mal que en ella se encuentre, convirtiéndola en bien, que todo el que pretenda disponer de algo de mi persona, que se les deshaga esa idea y quede arrepentido. San Desha-cedor, santo de gran poderío, desházele esa idea a quién mi enemigo quiera o pueda ser".

Prenda una vela morada y déjela consumir al lado del recipiente.

Después que diga la oración, rece un Padrenuestro y Avemaría.

Hechizo para las malas vibraciones

Ingredientes:

Agua bendita

Vinagre blanco

Preparación:

En un recipiente mezclar el agua bendita y el vinagre. Luego, colgarse un rosario en el pecho y con la mano derecha ir rociando el agua sobre su cuerpo. A la vez que se va descargando diciendo: "que todas las bajas vibraciones que me están perturbando desaparezcan de mí y de mi ambiente".

Círculo de Luz

Ingredientes:
Talco
Incienso de canela, jazmín o rosa
Velas de color blanco
Agua

Preparación:
Hacer un círculo con talco en el piso o sobre la alfombra, ubicar cuatro velas blancas fuera del círculo en señal de los puntos cardinales. Ubicar un vaso de agua dedicado a los guías de la Corte Blanca, en el norte, frente a usted, dentro del círculo y ya sentado en posición de loto, (antes de entrar al círculo debe estar libre de malos pensamientos, de odios y rencores, con las manos limpias, recién lavadas). Luego en estado de meditación, siéntase protegido y visualice su cuerpo cubierto con luz blanca, y diga: "el bien sólo es bien y estoy protegido (a). Amén".

Tómese su tiempo y salga del círculo listo a desarrollar su potencial.

Protección del hogar contra el mal de ojo

Si desea proteger su hogar y sus habitantes de cualquier tipo de influencia negativa que pueda recibir:

Proceda a limpiar su casa, tal como lo hace todos los días.

Coloque en uno de los ángulos de cada una de las habitaciones tres pizcas de sal fina.

Queme sobre unos carboncitos encendidos una cucharada de sal marina y proceda a sahumar todas las habitaciones, comenzando por aquella que se encuentra más alejada de la puerta de entrada. Finalmente, esparza sobre el umbral una cucharada de sal fina.

Contra el mal de ojo

El mal de ojo puede ser causado conscientemente mediante conjuros o inconscientemente cuando personas con poderes psíquicos odian o tienen envidia a alguien e inconscientemente le provocan mala suerte entre otras cosas. ¿Cómo distinguir uno de otro? Normalmente el mal de ojo consciente nos lo provoca alguien que sabe hacer conjuros. El otro simplemente es energía negativa que alguien acumula contra nosotros.

Ritual para saber si tienes mal de ojo

Para realizar este ritual o prueba deberá de hacer lo siguiente: Un martes o un viernes y a cuerpo desnudo, se frotará con un huevo fresco de gallina por todo el cuerpo, empezando por la cabeza y acabando por los pies. Después, vaciará el contenido del huevo en un vaso con agua. Esperar de seis a siete minutos. Pasado este tiempo deberá de observar la reacción de la clara y la yema del huevo dentro del agua. Si la yema está en el fondo y la clara está limpia no tiene mal de ojo. Si la clara forma una cruz le han hecho un trabajo de brujería que está enterrado. Si aparecen burbujas en el agua sí tiene mal de ojo. Si en la yema hay dibujado un ojo, tiene envidias y está siendo espiado/a. Si aparece una mancha de sangre, tiene hecho un trabajo de brujería y es muy posible que tenga que visitar al médico por problemas renales y/o de hígado. Si el agua está oscura, tiene hecho un trabajo de brujería para que todo le salga mal, padezca enfermedades, infidelidad y problemas económicos. Las formas alargadas se refieren a hombres y las formas ovaladas a mujeres.

Ritual para saber si tiene mal de ojo

Para realizarlo deberás de poner en un plato blanco un limón, que habrás partido en cruz, formando cuatro trozos. Una vez hecho esto, tendrás que poner encima de cada trozo de limón, una cucharadita de azúcar. Después, escribe en cuatro trozos de papel blanco tu nombre y apellidos, los cuales clavarás cada uno en un trozo de limón. Acto seguido, coloca el plato con los cuatro trozos debajo de la cama y a la altura de la cabecera, durante siete días. Al pasar los siete días échales un vistazo y si están de color oscuro o negro, entonces el aviso es que la persona sí tiene mal de ojo. De otro modo, significa que no lo tiene. Tira los limones a la basura. Este ritual lo puedes realizar cuantas veces quieras y siempre por un periodo de siete días.

Ritual para saber si tienes mal de ojo

Esta fórmula mágica es antigua y eficaz. En una habitación con las ventanas y puertas cerradas, y a la luz de una vela blanca encendida a la que habrá marcado con tres cruces en forma de aspa (X), llenará un plato de agua (si es bendecida mucho mejor). Después la persona mojará el dedo índice de la mano izquierda en aceite de oliva, dejando caer tres gotas en el plato. Acto seguido, y haciendo un círculo, pasará tres veces el plato por encima de la cabeza de la persona a la que le estamos realizando la prueba, diciendo la oración siguiente: "Si estás aojado/a de la mañana, Dios te cure y San Martín; si estás aojado/a del mediodía, Dios te cure y la Virgen María; si estás aojado/a del anochecer, Dios te cure y San Silvestre". Si después de decir la oración, las gotas se mantienen enteras sin deshacerse, la persona no tiene mal de ojo. Pero si por el contrario las gotas se extienden formando más círculos, entonces la persona sí tiene mal de ojo, y cuantos más círculos se formen, mayor es el poder del mal de ojo.

Librarse del mal de ojo

Este mal de ojo es el más difícil de limpiar y todo depende del poder psíquico del que realiza la limpieza. Es conveniente que nos la haga algún conocido que tenga algún poder aunque sea pequeño, es decir, alguien que, por ejemplo, a veces tenga sueños premonitorios. Se debe tomar una rama de romero y agua totalmente limpia. Para garantizar que el agua esté limpia deberemos usar agua mineral y hervirla durante diez minutos.

La persona que nos vaya a hacer la limpieza humedecerá la rama en el agua y con los ojos cerrados nos salpicará varias veces con ella. Esto deberá repetirlo proporcionalmente al mal de ojo que tengamos y estando concentrado en hacer la limpieza.

Una vez acabada la limpieza, la rama la tendremos que enterrar a los pies de un árbol fértil y con el agua sobrante lo regaremos.

Librarse del mal de ojo

Esta forma es más sencilla. Para librarnos de este mal de ojo simplemente deberemos tomar una cabeza de ajo (mejor pequeña) y masticarla bien y tragárnosla. Debido al mal sabor y olor que desprenderemos, recomendamos hacer esto cuando no vayamos a tener vida social. Esto nos librará del mal de ojo por un tiempo pero puede volver a aparecer ya que la persona que nos lo provocó puede ir acumulando otra vez energías negativas. Por tanto se recomienda repetirlo en cuanto notemos que nos vuelven los problemas.

Hechizo contra el mal de ojo

Decaimiento y nerviosismo sin causa aparente pueden muy bien ser efectos de haber sido "ojeado". En este caso, debes llevar a cabo el ritual que detallamos a continuación.

Durante tres días pon un vaso de agua con unos granos de sal gruesa en tu mesa y cámbialo diariamente. Traza debajo de tu cama una cruz de sal gruesa y, cuando hayan transcurrido los tres días, tira la sal a la basura.

Remedio contra el mal de ojo

Si de pronto un día nos levantamos con la sensación de que algo extraño pasa y creemos que verdaderamente nos están haciendo un mal de ojo, debemos actuar con extrema rapidez, por ello, tomaremos una cabeza de ajos, separaremos todos los dientes y los situaremos en un recipiente al que añadiremos un poco de alcohol de quemar. Al tiempo que pensamos en alejar el mal de nosotros, prenderemos el líquido y nos concentraremos en alejar el mal de forma inmediata mientras observamos la combustión de los ajos. Cuando el fuego se apague, procederemos a guardar los ajos en una bolsa de basura y los tiraremos fuera de la casa. Es importante que en el momento que tiremos la bolsa digamos mentalmente: "ahora elimino de mí todo mal".

Ritual contra el mal de ojo

El carbón vegetal tiene la propiedad de absorber las impurezas. De igual forma, acapara los fluidos negativos enviados contra las personas, evitando que penetren en su plano astral.

Preparación:

Colocará tres pedazos de carbón vegetal en un plato blanco y junto al carbón colocará tres cucharadas de sal marina. Colocar el plato con el contenido debajo de la cama y a la altura de la cabecera, durante siete días. Pasados los siete días, deberá de ir una mañana antes de las doce del mediodía a tirar la sal y el carbón a un río, mar, lago, etc., pero ha de ser donde corra el agua, con el fin de anular los malos fluidos. Este mismo día deberá de colocar otra vez carbón y sal debajo de la cama. Este ritual lo deberá de realizar tres veces, es decir, 7 x 3 = 21 días.

Procure no tocar con los dedos ni la sal ni el carbón al sacarlos de debajo de la cama ni cuando vaya a arrojar todo al agua, porque entonces debería de volver a comenzar de nuevo el ciclo de 21 días.

Rituales para los negocios

Hechizo para suerte en los negocios

Ingredientes:
1 rosa de Jericó
Esencia de lavanda amarilla
Esencia de lavanda verde
Muselina
Ámbar
Piedra ojo de tigre
Imán macho y hembra

Preparación:
En un envase de vidrio o cristal, mezclar las esencias con agua. Luego ubicar la rosa de Jericó, cubrirla con más agua si es necesario y encima de la rosa ubique las piedras. Récele con una vela de color verde e incienso de pachulí, ofreciéndola al espíritu de la productividad y desarrollo en los negocios. Puede regar el negocio con esta agua que se magnetizará, o mantenerla como un bello adorno magnético. Acuérdese de cambiar el agua cuando lo considere necesario. Siempre debe emanar aroma de fortuna.

Amuleto para la suerte en los negocios

Ingredientes:

1 cabeza de ajo

Trozo de tela blanca nueva

7 ramas de perejil

Preparación:

Hacer con la tela una bolsita blanca e incluirle las siete ramitas de perejil y la cabeza de ajo pelado. Debe ser bendecido con agua bendita mientras se reza un Padrenuestro y un Avemaría, y se pide: "Gracias por liberarme de toda la envidia y mal. Gracias por contribuir a mis realizaciones y deseos personales; con la fuerza de esta agua bendita y este amuleto que preparo. Me protegerás como a un hijo de todo mal, proporcionándome bienestar, salud y prosperidad".

Amuleto para su negocio

Amarrar unas monedas con un hilo rojo. Colgarlo en el marco de la ventana de su oficina o, donde guardan los libros de contabilidad. Si son monedas extranjeras o monedas antiguas, mejor todavía. Traerá prosperidad y éxito en sus negocios.

Riego para los negocios

Ingredientes:

Cerveza

Agua de coco

Miel

Esencia de lluvia de oro

Esencia de lluvia de plata
Esencia de dinero
Esencia de negocio
Esencia de progreso

Preparación:

Al agua de tres cocos, agréguele la miel y la cerveza. Luego agregar las esencias y regar desde la puerta del negocio hacia adentro. Ofrezca cuatro velas de color verde; juntas formando los puntos cardinales.

Hechizo para atraer clientes al negocio

Para atraer dinero, mejorar negocios o atraer clientes a un negocio deberá de hacer el siguiente ritual mágico: Tome dos dados y láncelos. Anote en un papel el número total obtenido de la suma de ambos dados. También escribirá su deseo y su nombre y apellidos. Sume su fecha de nacimiento (ejemplo: 5/11/1958 (5 + 1 + 1 + 1 + 9 + 5 + 8 = 30) (3 + 0 = 3). Acto seguido escríbalo al lado del número de la suma de ambos dados. Doble el papel y colóquelo en un plato blanco, frente a un espejo y tape todo con un paño de color azul o verde. Encima del plato coloque siete monedas doradas del mismo valor, formando una cruz.

Después, repetirá el conjuro siguiente: "Monedas, dinero, aumentar mi oro, aumentar monedas, aumentar mucho mi tesoro". A continuación, tendrá que enterrar todo el contenido del plato, al pie de un árbol con muchas hojas, y volverá a recitar el conjuro anterior, es decir: "Moneda, dinero, aumentar mi oro, aumentar monedas, aumentar mucho mi tesoro. Así sea". Cada día delante de la figura, medalla o imagen de San Cono o San Pancracio, encenderá una vela de color oro y una barrita de incienso con aroma a canela, y rezará a cada santo su oración.

Baño para atracción en los negocios

Ingredientes:
3 girasoles
Miel de abeja
Canela
Esencia de atracción
Esencia de imán
Esencia de pega-pega
Esencia de amor
Esencia de triunfo

Preparación:
En un envase estrujar los girasoles y agregarle las esencias. Este baño lo puede ofrecer dando gracias por el desarrollo de lo anhelado a Oshún o a las potencias indias. Hacerse tres baños seguidos.

Ritual para la limpieza de un negocio

Ingredientes:
1 cubeta de agua (preferible agua de lluvia)
Chorro de amoníaco
Pizca de sal
Pizca de canela
Gotas de colonia
Pizca de cola blanca

Preparación:
Realizar en miércoles de luna creciente o luna llena. Añadir todos los ingredientes a la cubeta de agua. Primero fregar el cajón del dinero o de la registradora, después fregar el suelo del local empezando desde el fondo hacia la puerta y vamos saliendo de espaldas. Con el trapeador hacemos una cruz en la acera o entrada al local. El agua sobrante lo vaciamos en la acera o cerca del escaparate.

Hechizo para la suerte en los negocios

Ingredientes:
Extracto de abundancia (con la moneda adentro)
1 gota de esencia de suerte
Aceite de rosa de Jericó
Aceite de Afrodita
Aceite de raíz de Vetiver
3 rajitas de canela
1 clavo de especie
1 raíz de valeriana pequeña
Esencia de oro
Esencia de plata
Flores secas de azahar

Preparación:
Colocar todos los ingredientes en un frasco y ponerlo al sol y al sereno durante tres días. Luego usarlo como perfume para la suerte, si es hombre es recomendable añadirle colonia de lavanda, si es mujer esencia de violeta.

Rituales para el dinero

Baño para el dinero

Ponga a hervir un paquete de perejil con cinco, siete, nueve (siempre en números impares) rajitas de canela. Cuando esté listo, vacíe la mezcla en un recipiente y agregue esencia de oro y menta. Puede darse de cinco a siete baños según sus necesidades. Encienda una vela verde.

Baño para obtener dinero

Ingredientes:
   Polvo de oro
   Polvo de plata
   Esencia de dinero
   Colonia
   Jabón azul
   Vela de color amarillo

Preparación:
   En un envase colocar un poco de agua, agregarle los polvos y la esencia. Una vez tomado el baño normal con el

jabón azul, se moja todo el cuerpo con este preparado y se deja secar, y luego se da las gracias por lo que se recibirá a Don Juan del Dinero; encendiendo la vela amarilla.

Hechizo para el dinero

Conseguir cinco ramitas de pino natural y amárrarlo con una cinta de color rojo. Colgarlo dentro del closet o escaparate. Ofréndalo al dios de la prosperidad. Utilice cedro, quémelo sin llama para conseguir dinero y protección. Puede dejar arder el pino sin llama; purifica y atrae dinero.

Hechizo para el dinero

En un recipiente, de preferencia de vidrio, cristal o plata, mezcle tres tipos de arroz y échele monedas y semillas de trigo. Colóquelo a la entrada de su residencia con la seguridad de que la energía de emanación que fluirá de allí será productiva.

Conjuro para el dinero

En un recipiente de tamaño mediano, poner agua y colocar algunas velas flotantes azules. Ubicar el recipiente en la parte norte de su casa para activar su carrera y atraer dinero.

Ritual Don Juan del Dinero

Por la transformación de nuestras mentes logramos lo que deseamos. Comprar esencias de oro, plata, imán, abre caminos y pachulí. Poner a hervir rajitas de canela y luego agregarle las esencias. Darse un baño ofrendándole a Don

Juan del Dinero. Hacer las peticiones deseadas, dando gracias de antemano por su obtención. Ubicar en la entrada de la casa y prender incienso de canela.

Hechizo para obtener dinero

El dinero es uno de los objetos que tiene mayor carga energética, y a esto se debe que sea el símbolo de todas las cosas que deseamos adquirir. Un billete es simplemente un pedazo de papel; pero usted puede cambiarlo, como "arte de magia" por las cosas que le agradan o necesita.

Consiga siete monedas y forme con ellas una cruz con los brazos apuntando hacia los cuatro puntos cardinales. Prenda un incienso de almizcle o canela y encienda sobre el centro de la cruz una vela de color verde diciendo con concentración y mucha fuerza de voluntad: "Que del Este venga abundancia y oro, del Oeste la abundancia y plata, del Norte magníficos regalos, y del Sur, torrentes de prosperidad y felicidad". Repita esto diez veces con mucha fe como que estuviera recitando. Luego afirmando con mucha fuerza de voluntad mágica dirá: "Que así sea, que sea, porque es mi voluntad y mi deseo, así será". Luego deje que la vela se consuma. Esto lo puede hacer las veces que lo considere necesario. Deje que la vela se consuma y encienda una durante tres lunes consecutivos. Puede usar incienso de pachulí.

Hechizo para que aumente el dinero

En viernes, con la luna creciente, arrojar sobre la hornilla de la cocina un puñado de sal gruesa, mientras chisporrotea decir: "El dinero viene a mí con amor porque es energía móvil de Dios. Lo usaré con cuidado, sin egoísmo y será para todos una bendición". Se repite tres veces, arrojando sal cada vez. La tercera vez se dice: "Así es y será. Amén".

Rituales para el trabajo

Hechizo para conseguir trabajo

Ingredientes:

Esencia de Pompeya
Abre caminos
Albahaca macerada
Polvo de almizcle
Agua bendita

Preparación:

Mezcle los ingredientes en un frasco pequeño que sea fácil de llevar consigo.

Úselo como esencia diaria en las articulaciones superiores y en el cuello. Salga radiante a buscar empleo y regrese con él.

Hechizo para entrevistas de trabajo

Mezcle los siguientes aceites: cuatro gotas de ylang-ylang, tres gotas de lavanda y una gota de rosa. Úselos y le ayudará a sentirse tranquilo y a producir una impresión agradable.

Empleo para divertirse

Ingredientes:
7 velas amarillas
Esencia de rosa
Esencia de canela
Esencia de atracción
Esencia de suerte rápida
Esencia de abrecaminos
Esencia de éxito
Esencia de mejorana
1 girasol
Incienso de canela
Mirra

Preparación:
Mezclar el girasol junto a las esencias, luego empezar los baños, pidiéndole a San Onofre con devoción y dándole gracias por su empleo para divertirse, encender la vela amarilla y el respectivo incienso. Hacer esto siete días consecutivos.

Baño para conseguir trabajo

Ingredientes:
Hierbabuena
Jabón azul
1/4 de taza de leche
1 copa pequeña de anís
1 vela blanca

Preparación:

Dejar la hierbabuena serenarse durante la noche. Al día siguiente en una pequeña cantidad de agua se macera. Luego se cuela y al resultado le agrega la leche y el anís. Aplicárselo después del baño con jabón azul y no secarse. Ahora está listo para salir a conseguir su empleo. Luego da gracias con una vela blanca a Santa Clara por guiarle a lo deseado.

Baño para conseguir empleo

Ingredientes:

Esencia de abrecaminos

Esencia de mejorana

Esencia de éxito

Esencia de suerte rápida

Esencia de canela

Preparación:

El baño es para tres días consecutivos. Mézclelo con agua con pétalos de tres rosas de color amarillo. Ofrézcalo al espíritu de la luz y de los caminos con la seguridad de que le guiará hacia donde anhela. Confiado de gracias por su empleo recibido. Ofrendar velas amarillas y orar de corazón.

Hechizo para conseguir trabajo

Todas las mañanas nada más levantarse, tomarse una cucharada de aceite de oliva virgen extra de la mejor calidad posible. Acto seguido irse a buscar trabajo como hiciésemos habitualmente. De esta forma el trabajo conseguido será de la mejor calidad.

Hechizo para conseguir
aumento de sueldo

Necesitamos la moneda en circulación de menor valor. Se toma la moneda y se lava muy bien con agua y jabón, deberá estar completamente limpia. Luego debemos desinfectarla por completo, esto se hace o bien hirviéndola durante diez minutos o sumergiéndola en alcohol. Una vez hecho esto no debemos tocar la moneda con los dedos para no contaminarla, la sujetamos con unas pinzas limpias y la ponemos en un trozo de papel de plata, muy importante es que la parte mate del papel de plata esté en contacto con la moneda. Con una gasa o cualquier tela que no suelte pelusa humedecida en vinagre frotaremos la moneda un poco. Todo esto se debe hacer sin tocar la moneda. Una vez hecho esto envolvemos completamente la moneda con el papel de plata. Hemos debido tener la precaución de no mojarla demasiado para que no chorree. Ahora nos guardamos la moneda envuelta en nuestro bolsillo o bolso. Siempre debemos llevarla encima y conseguiremos nuestro aumento de sueldo.

Baño para el trabajo

Ingredientes:

7 velas amarillas

1 baño de girasoles

1 baño de abrecaminos

1 baño de frutos indios

Incienso

Mirra

Preparación:

Mezclar los baños en un recipiente con agua, rezar la oración de San Pancracio durante el tiempo que se hace la limpieza y usar el baño por siete días, por cada día encender una vela y una varita de incienso.

"Glorioso San Pancracio a quien he escogido como mi protector particular, y en quien tendré absoluta confianza, concédeme que yo experimente los saludables efectos de tu poderosa intercesión con nuestro Dios. En tus manos deposito todas mis necesidades y en particular (aquí se hace la petición), la que pongo bajo tu protección, alcánzame, pues este favor, y todas las demás gracias necesarias para librarme del pecado y conseguir la salvación de mi alma. Amen".

Ritual a Don Juan del Trabajo

Ingredientes:

1 velón verde
Extracto de hierbabuena
Aceite de abrecaminos
Polvos de destrancadera
3 hojas de laurel
Imagen de Don Juan del Trabajo
Copa de ron negro

Preparación:

Se impregna el velón verde con el aceite abrecaminos y un poco de los polvos de destrancadera, el resto se han de poner alrededor del velón junto con tres hojas de laurel enteras formando un triángulo, y se coloca sobre un plato blanco, se enciende y se reza la oración a D. Juan del Trabajo, pidiéndole el deseo, se coloca al lado una copa con el ron negro y la imagen de Don Juan del Trabajo. Luego se pone en las muñecas un poco de extracto de hierbabuena, el extracto ha de durar para siete días pues todas las mañanas al salir de casa ha de ponerse en las dos muñecas. Hay que rezar la oración durante los siete días.

"Yo, (*nombre*), invoco a la sublime influencia del santo nombre de Dios todopoderoso y de Don Juan del Trabajo, para que me brindes tu protección, para que me ayudes en mis tareas cotidianas y me liberes de la pobreza y la estrechez, que conserve mi trabajo y vaya en aumento cada vez más (si no se tiene se pide para que salga), que brille para mí la estrella de la buena fortuna, y me acompañe el éxito en todo lo que emprenda. A tu protección me acojo, o santo barón Don Juan del Trabajo, para que nunca dejes de estar a mi lado y te ruego hagas llegar esta petición por mí al todopoderoso. Amén".

Rituales para la suerte

Hechizo para la suerte en los juegos de azar

Ingredientes:

Una almohada usada

Hojas de laurel

Hojas de geranio

Hojas de lavanda

Preparación:

Abra la almohada y mezcle estos ingredientes señalados con el relleno de ésta. Ciérrela y duerma sobre la almohada pensando que los efluvios de estas poderosas plantas incentivarán sus vibraciones personales e incrementarán sus posibilidades en los juegos de azar.

Hechizo para los juegos de azar

Ingredientes:

4 monedas doradas de mayor valor

1 imán

1 frasco de perfume o loción que sea tu preferida

1 bolsita de tela roja, verde o amarilla

Preparación:

Deberá de rociar el perfume, loción o colonia en las cuatro monedas doradas y en el imán. Por la noche antes de acostarse, deberá de poner las cuatro monedas y el imán en el suelo alrededor de la cama. A la mañana y nada más levantarse, deberá de recoger las cuatro monedas y el imán y guardarlo todo durante nueve días en la bolsita de tela, junto con un papel blanco en el que habrá escrito la cantidad de dinero que le gustaría ganar o la cantidad que precisa. Acto seguido, guardará la bolsita en un lugar donde nadie pueda tocarla, nada más que usted. Durante los nueve días deberá rezar la oración de San Expedito agarrando la bolsita con la mano izquierda. Pasados los nueve días podrá llevar la bolsita mágica con usted donde quiera que vaya o siempre que vaya a jugar.

Hechizo para favorecer la suerte

Ofrezca a Obatalá o a la virgen de las Mercedes, arroz con leche sin sal ubicándolo en la cabecera de su cama y manteniéndolo durante ocho días y luego deséchelo. Puede hacerlo cada mes según convenga para atraer la suerte. Prender velas de color blanco.

Hechizo para obtener triunfo

"¡Oh! Adorada Madre, yo vengo a ti en busca de ayuda. Mi mente y mi espíritu han estado a punto de quebrantarse, yo te ruego adorada Madre que escuches mis peticiones, para que yo pueda alcanzar el triunfo tan anhelado".

Para lograr sus triunfos debe comenzar encendiendo por una hora, cada día dos velas, una rosada y una de color verde, lado a lado. Al frente de esas velas debe pararse y recitar la oración, una vez, dejando la vela arder hasta que se cumpla la hora. Unte su cuerpo con polvo quita males, y aceite esencial de triunfo sobre su cabeza. Ponga en su agua de baño, media cucharadita de aceite de dragón, junto con diez gotas de aceite de atracción. Haga estas cosas con fe y constancia, y el espíritu del triunfo y la prosperidad sonreirá en usted.

Hechizos para el juego

Ingredientes:
Coral rojo
Clavos de especie
Flores de paraíso
Esencia de suerte rápida
Esencia de fortuna
Esencia de lavanda

Preparación:
En un frasquito mezclar las esencias, añadirle el coral rojo, las flores de paraíso, y los clavos de especia, luego encenderle una vela de color amarilla a la Virgen de la Caridad del Cobre; cuando ésta se haya consumido deberá poner el frasquito al sol, luego usarlo como loción después del baño o cuando vaya a jugar, deberá rociarse un poquito en las palmas de las manos, para propiciar el efecto y la acción de la buena fortuna.

Hechizo para el éxito

Ingredientes:
Una maceta llena de abono vegetal
Semillas de albahaca u otra planta de fácil cultivo
Lápiz
Papel
Vela

Preparación:
Encienda la vela y escriba en su papel su nombre y puesto o cargo en el empleo. Escriba debajo: "Así como estas semillas crecen y dan sus frutos, así lo hará mi éxito profesional". Entierre el papel en el abono y plante encima las semillas siguiendo las instrucciones del paquete. Riegue las semillas y cuídelas a medida que broten. Ponga la maceta en su escritorio o en el alféizar de la ventana y cuide de estas plantas regándolas, abonándolas y comprobando su estado regularmente. A medida que florezcan, en esa medida estará floreciendo su prosperidad. La vela o luminaria se podrá ofrecer al espíritu de la prosperidad.

Hechizos para recibir el año con suerte

Lo primero que debemos tener para recibir el año es una actitud positiva y alegre con ánimo de compartir en amor y paz.

Para la suerte en el dinero: No se olviden de comer lentejas, reciban el año con las llaves y dinero en la mano derecha, sus doce uvas en la mano izquierda.

Para la suerte en el amor: Ropa íntima de color rojo. Pueden darse un baño con frutas y vino rojo o con champaña.

Para la suerte en los viajes: Salgan con sus maletas y sus perspectivas de viajes.

Y si desean reafirmar todo lo anhelado hagan estas peticiones debajo de la mesa para que se cumplan con mayor fuerza.

Para la suerte de quienes estén en prisión

Ingredientes:
Una imagen de la virgen de las Mercedes (Obatalá)
Papel pergamino
Miel
Huevos blancos
Plato blanco

Preparación:
En un pergamino escribirá su petición, o el nombre de la persona a quién se desea ayudar, se enrollará y se le colocará en la mano de Obatalá (en la otra tiene las esposas). Después de hacerle la petición, en el plato blanco colocará los siete huevos y los regará con miel, esta ofrenda la puede colocar entre plantas, para dar las gracias cuando se le haya concedido la libertad al preso, o concedido el favor pedido. Luego debe darle limosna a un número de necesitados, igual a la cantidad de huevos en ofrenda.

Hechizo para conseguir vivienda

Haga con una tela de color verde y amarillo una faja para amarrar directamente sobre la piel de su cintura. Pídale a Orula (San Francisco de Asís) y él armonizará sus vibraciones para permitirle conseguir lo que desea.

Noche de Brujas

Todos los años, el 23 de junio a las doce de la noche, se realizan varios rituales, hechizos y conjuros para aprovechar las energías mágicas de la noche de San Juan o noche de brujas. Pero... ¿de dónde viene esta magia?

Todo se relaciona con San Juan el Bautista y el solsticio del 21 de junio. El 24, se celebra el nacimiento de San Juan, quien preparó a la humanidad para la llegada de Jesús. Su nacimiento ocurrió en una fecha muy cercana a un solsticio (de invierno para el hemisferio sur, y de verano para el hemisferio norte), lo que quiere decir que lo que está en juego son poderosas energías solares actuando en la Tierra.

Durante esta noche mágica, usted podrá realizar estos simples rituales, que le ayudarán a mejorar distintos aspectos de su vida.

Ritual para pedir un deseo

Ingredientes:

1 vela celeste

1 hoja de hiedra común

1 pedazo de papel

Preparación:

El 23 de junio, a las doce de la noche, encienda la vela celeste, y coloque debajo de su almohada una hoja de hiedra común y un papel en el que haya escrito su pedido. Al día siguiente queme el papel, y entierre las cenizas y la hoja de hiedra en el jardín o en un macetero.

Hechizo para proteger el hogar

Ingredientes:
21 gotas de esencia o aceite de almendras
1 cucharada de vinagre
3 litros de agua
1 recipiente grande

Preparación:

El 23 de junio, a las doce de la noche, mezcle todos los líquidos en el recipiente, revolviéndolos en el sentido inverso de las agujas del reloj.

Con esta mezcla, limpie todos los marcos de las puertas, comenzando por las que están más lejos de la entrada principal (ésta es la última que se limpia).

Al terminar, dé las gracias a San Juan rezando un Padrenuestro.

Ritual para el dinero

Ingredientes:
1 pirámide
3 monedas amarillas

Preparación:

El 23 de junio, a las doce de la noche, coloque debajo de su cama las tres monedas amarillas, y sobre ellas, la pirámide.

Ritual para tener suerte el resto del año

Ingredientes:

Un recipiente con agua

Preparación:

El 23 de junio, a las doce de la noche, exponga al cielo el recipiente con agua.

Si se reflejan:

Siete estrellas: Tendrá éxito.

Número par de estrellas: Tendrá buenos resultados, pero con reserva.

Número impar de estrellas: No tendrá éxito.

Ritual para la pareja

Ingredientes:

1 vela rosada

2 almendras

Agua de azahar

Preparación:

El 23 de junio, a las doce de la noche, en una almendra escriba su nombre y en el otro el de su pareja.

Perfúmelas con agua de azahar o con una mezcla de la fragancia de ambos, y déjelas en su dormitorio una al lado de la otra.

Luego, encienda la vela rosada, pida por la armonía de la pareja y dé las gracias, rezando un Padrenuestro.

Al día siguiente cómase las almendras.

Rituales varios

Métodos de limpieza rápidos

Algunas veces sólo necesitamos algo rápido y fácil para levantar nuestro ánimo o para renovar el ambiente durante el día:

Haga sonar una campana.

Tenga cerca de usted flores frescas o plantas y tómese algunos ratos libres durante el día sólo para observar su color, y siéntase impregnado de éste.

Cultive hierbas aromáticas frescas en una maceta. Cierre los ojos, frótese las manos con las hojas e inspire su aroma.

Entorne los ojos e imagine que está sentado bajo el arco iris. Deje que el arco iris descienda y rodee suavemente su cuerpo con un aura de luz.

Proceda a efectuar una limpieza elemental: espire profundamente para expulsar el cansancio de su cuerpo y disipar los malos pensamientos. Lave con agua su cara para alejar la negatividad. Toma un puñado de sal y restriegue con ella su frente, el pecho en la parte correspondiente al corazón y en el plexo solar para purificarse.

Para quemar las impurezas y recargarse de energía positiva encienda una vela de color naranja para revitalizarse y revitalizar su entorno.

Despojo de prosperidad

Ingredientes:

1 velón astral

1 cascarilla

Canela en polvo

Esencia de prosperidad

Esencia del pájaro macua

Esencia de paz y unión

Sahumerio de triunfo

Agua de kananga

Riego de abrecaminos

Preparación:

En la noche anterior a hacer la limpieza se esparcirá por toda la casa o negocio la canela mezclada con la cascarilla.

Al día siguiente se encenderá sobre un plato blanco el velón astral y se colocará alrededor del mismo la cascarilla en polvo (ha de consumirse todo).

Seguidamente se ha de fregar la casa con amoníaco en el agua. Una vez seco el piso se vuelve a fregar, esta vez poniendo en el agua el riego abrecaminos.

Una vez seco se enciende el sahumerio (en una sartén) y se pasa por todas las habitaciones.

Después se mezclan los perfumes con el agua de kananga y se rocía por todas las esquinas, hay que rociar poquito, pues ha de durar para siete días en los que se rociarán todas las mañanas rezando la oración a Nuestra Señora del Camino.

"Mi amada Virgen del Camino, esperanza nuestra, acógeme bajo tu protección, guíame y condúceme por el buen camino, líbrame de mis enemigos, que tengan ojos y no me vean, manos y no me toquen, pies y no me alcancen... Oh, Madre mía, invoco tu ayuda por medio del Espíritu Santo, para que la buena estrella me guíe en el camino correcto para que mi casa y mi negocio prosperen, para que mi persona reciba suerte y protección, cúbreme con tu manto de gracia para que no nos falte paz, tranquilidad, prosperidad y armonía. Amén".

Rezar una Salve.

Despojo para casa

Ingredientes:
>1 rama de albahaca
>1 rama de ruda
>1 rama de hierbabuena
>Extracto sanador de ambiente
>Extracto suerte rápida
>Extracto lluvia de oro
>Agua de azahar
>Velón de San Miguel (verde y azul)

Preparación:
Previamente se han mezclado las tres esencias con el agua de azahar en un recipiente de cristal y se ha dejado desde por la mañana al sol.

Con las ramas se hace un mazo y se empieza a golpear por las paredes, ventanas, puertas y muebles mientras se reza la oración a San Miguel arcángel, ofreciéndole el velón.

Una vez finalizada la oración y habiendo pasado por toda la casa el mazo de ramas, se enciende el velón y se va regando por toda la casa con la mezcla esencial, una vez terminado se rezan tres Padrenuestros.

El velón se ha de dejar hasta que se consuma y cuando se haya consumido repetir la oración de nuevo.

Con esto la casa queda protegida contra maleficios.

Baño de dominio

Ingredientes:

1 velón de dominio (rojo)

5 clavos de olor

1 cucharada sopera de miel

Extracto "yo puedo más que tú"

Riego de dominio

1 plato blanco

Preparación:

Colocar los cinco clavos de olor en el velón en forma de cruz, luego escribir el nombre de la persona a dominar de arriba hacia abajo tres veces y el suyo alrededor, recordar que deben ser los nombres y apellidos completos. Después se baña el velón con el riego de dominio y el extracto "yo puedo más que tú", se unta con la miel, éste se coloca sobre el plato blanco y se reza la oración de San Marcos de León.

"Gloriosísimo San Marcos de León, tú que amansaste al león, el dragón y el dragoncito, a extremos de hacer dormir al león al lado de tus divinos pies, así quiero que amanses y duermas a *(nombre de la persona)* y que duerma en profundo sueño, y que cuando despierte se levante pensando en mí y que me ame y quiera eternamente, asimismo amanses a mis enemigos, que tú sabes cuántos son. Para que reine la armonía entre *(nombre de la persona)* y yo y nuestros familiares, rezo con toda devoción esta oración, para que la persona que amo me estime y quiera eternamente y no quiera a persona distinta a la mía. Amén".

Se enciende un cabo de vela, se rezan tres Credos, tres Padrenuestros, y tres Avemarías a nombre y apellido de la persona deseada.

Ritual lava casas

Ingredientes:
   1 velón contra hechizo y mal de ojo
   Sahumerio saca-saca
   1 riego "lava casa"
   Esencia de almizcle

Preparación:
   Se friega la casa o el negocio normalmente con agua y amoníaco, una vez secos los suelos se pone en el agua limpia de la cubeta, el despojo de "lava casa".

Se enciende el velón contra hechizo y mal de ojo.

Una vez encendido, se procede a fregar de nuevo toda la casa o negocio con el despojo que se ha colocado en el agua de la cubeta.

Cuando se ha secado se procede a encender el sahumerio (en una sartén) y se pasa por toda la casa rezando la oración.

Después se pone un poco de esencia de almizcle por todas las esquinas.

"Padre San Silvestre, desde lo más profundo de mi corazón, te ruego liberes mi casa (o negocio), de todos los males que quieran inflingirme mis enemigos, de las malas influencias y de todo trabajo que pudieran hacerme mis enemigos. En el nombre de Dios, te pido que en este hogar (o negocio) reine la paz, salud, trabajo y armonía, y que este baño que te ofrezco, nos riegue de bendiciones y nos traiga la buena suerte para todos. En nombre de nuestro Señor Jesucristo. Amén".

Rezar un Padrenuestro y tres Avemarías.

Ritual de la abundancia

Ingredientes:

1 velón amarillo

Riego de abundancia

Arroz

Lentejas

Azúcar

Incienso de canela

7 monedas

Preparación:

Una hora antes de las doce de la noche, se pone en un recipiente de cristal el riego de abundancia y se rocían todos los rincones de la casa.

Después se prepara sobre un plato blanco el velón amarillo y a su alrededor se hacen los montoncitos con la cebada el arroz y el azúcar.

Se colocan las siete monedas también alrededor del velón. Y se prepara el incienso de canela para encenderlo.

Una vez que se haya colocado todo, se enciende el velón y los inciensos de canela y se hace la petición al espíritu de la abundancia.

Se escriben en un papel de pergamino las peticiones y se guardarán con tres de las siete monedas en un cofrecillo una vez consumido el velón.

Se guardan tres monedas y no se han de gastar durante el año. (Se supone que así atraerá dinero a la casa) las otras cuatro se darán al día siguiente al primer indigente que nos encontremos.

El arroz, la cebada y el azúcar se han de enterrar en una maceta en la casa también, pues de esa forma no faltará prosperidad durante el año.

Ritual para alejar

Ingredientes:

1 candado nuevo
Papel pergamino
1 jabón del arcángel San Gabriel
Polvos "voladora"
Precipitado negro
Extracto de fresa
1 Velón negro

Preparación:

Se coloca el velón negro impregnado con polvos voladora, sobre un plato, y se rodea con el precipitado negro, se pone el candado cerca del velón con sus llaves, el perfume y el jabón han de ponerse haciendo un triángulo con el candado... se escribe el nombre de la persona a la que se quiera alejar en el papel pergamino y se coloca debajo del plato, se prende y se reza la oración. Una vez consumido el velón se saca el papel con el nombre que se ha escrito y se quema encima de los restos del velón y junto con el candado, el jabón y el precipitado negro y se tiran lo más lejos posible de la casa, si puede ser en el mar, mejor. Sin mirar atrás de donde haya caído, se vuelve a leer la oración.

Con el extracto se han de rociar todas las esquinas de las habitaciones de la casa o lugar por las que pudiera entrar la persona que se quiere echar y con el jabón ha de lavarse las manos una vez finalizado el ritual.

"Espíritu del caminante, yo no quiero hacer mal a (nombre), sólo quiero que se aleje de mi entorno, que nunca vea este candado que le cierra el camino. Espíritu del caminante que nunca encuentre estas llaves para abrir este candado que le cierra las puertas de mi entorno a (nombre), aléjalo de mi vida para siempre. Amén".

Rezar un Padrenuestro, un Avemaría y un Credo

Ritual rompetrabajos

Ingredientes:

1 velón siete mechas

Aceite de ruda

1 pergamino

Preparación:

Realizar con luna menguante.

En el papel pergamino debes escribir la petición o bien el nombre de la persona que está afectada por un trabajo de magia. Tu petición debe ser positiva, sin ningún deseo de enviar daño a nadie, sólo quitar el que uno tiene. Una vez escrito, colócalo debajo del velón de las siete mechas, si tienes foto o algo personal también puedes situarlo bajo el velón. Uncir el velón con aceite de ruda de abajo hacia arriba. Enciende las siete mechas con cerillas de madera y empezando por la mecha de abajo hacia arriba. Este velón es rompedor y tarda entre 15 o 30 minutos en consumirse. El pergamino quedará sellado entre la cera, reforzando así tu petición. El ritual finaliza cuando la última mecha se apaga. Esperaremos a que la cera esté fría y lo arrojaremos a una corriente de agua o enterrado en una maceta que esté al aire libre. ¡Advertencia! Colocar el velón en un plato o cazuela vieja, para evitar accidentes con él. Este ritual puede realizarse hasta tres veces si fuese necesario.

Ritual para peticiones económicas

Ingredientes:
3 velas amarillas
Canela en polvo
Pergamino
Pirita
Carbón
Incienso

Preparación:
Realizar en domingo a las doce del mediodía.

En primer lugar tomaremos las velas y las uncimos totalmente con la canela en polvo. Colocamos las tres velas preparadas formando un triángulo, escribimos la petición en el pergamino y lo situamos en el centro del triángulo, colocando encima del pergamino la pirita. Enciende la pastilla de carbón y cuando esté bien prendido añade el incienso (estoraque o mirra) para que se vaya quemando, colócalo junto a las velas. Ahora es el momento de encender las velas con cerillas de madera y realizar la invocación: "Invoco al Sol, ¡espíritu grande! Para que proteja con su encanto a mi casa, a mí y a lo que amo tanto. Te conjuro para que eleves mis limitaciones, eleves mi pensamiento y me otorgues lo que necesito y merezco; a tu gran poder, padre Sol, yo me encomiendo. ¡Que así sea!" Una vez consumidas las velas, los restos de cera y el pergamino lo enterramos en un jardín o maceta con flores; la pirita la llevaremos siempre con nosotros. También podemos colocarla en un cajón con dinero o junto a documentos relacionados con inversiones, bancos, negocios, etc.

Ritual para abrir caminos

Ingredientes:

7 velas rojas

7 monedas

7 metros cinta roja

Preparación:

Este ritual es muy efectivo para situaciones en las que las cosas no acaban de salir o solucionarse, o cuando aparentemente deberían salir bien y de repente se estropean, es decir, cuando parece que tenemos los caminos cerrados y no vemos una salida. La persona afectada tiene que colocar la cinta roja debajo del colchón y dormir una noche con ella en la cama. Al día siguiente cortaremos la cinta en siete partes más o menos proporcionadas, invocando a San Miguel Arcángel. En cada trozo de cinta roja escribimos el nombre de la persona, colocamos los siete trozos paralelos y encima de cada cinta ponemos una moneda y una vela, las encendemos pidiendo a San Miguel Arcángel que nos abra los caminos.

Dejaremos que se consuman totalmente las velas; los restos de cera se enterrarán en el campo o jardín. Las monedas las llevaremos siempre encima y procurar no gastarlas nunca. Los trozos de cinta se guardarán en un lugar donde habitualmente tengamos dinero, caja fuerte, cajón, papeles del banco, etc., es decir en sitios que tengan relación directa con el dinero.

Ritual contra enemigos

Ingredientes:

Cartulina negra

Tinta negra

Papel de aluminio

Preparación:

Escribir en la cartulina con la tinta negra el nombre de la persona que queremos alejar. Envolver en el papel de aluminio y doblarlo por cuatro veces, diciendo cada vez que lo dobles: "Yo os anulo". Con la cartulina doblada entre las manos nos concentraremos y diremos: "A ti (nombre) que me quieres mal y que mal me envías, te rechazo con toda mi fuerza y poder". Lo metemos al congelador y recitamos: "Yo os anulo. Yo os congelo. Conjuro, conjuro, conjuro, la fuerza que me protege para que hielen vuestra maldad".

Índice

Prólogo 5

Objetivos mágicos 7

Para tener un ritual exitoso 9

Preparación del altar 15

Rituales para el amor 17

Rituales de protección 43

Rituales para los negocios 55

Rituales para el dinero 61

Rituales para el trabajo 65

Rituales para la suerte 71

Noche de Brujas 77

Rituales varios 81

TÍTULOS DE ESTA COLECCIÓN

- ¿Descubrimiento o conspiración?
- ¿Existe en verdad Bin Laden?
- Ahnenerbe
- Alamut
- Altares, ofrendas, oraciones y rituales a la Santa Muerte
- Ángeles espíritus de luz
- Apariciones celestiales
- Armas secretas nazis
- Cromoterapia. La salud por los colores
- Cuidado de la piel
- Curación con aguacate
- Curación con agua
- Curación con chocolate
- Curación con papaya
- Curación con plantas medicinales
- Curación con terapias naturales
- Curso completo de tarot
- El cuerpo
- El gran libro de la Oui-ja
- El gran libro de los dinosaurios
- El gran libro del tarot de Marsella
- El gran secreto nazi
- El libro de los muertos
- El libro de los objetos imposibles
- El origen del mal
- El Renacimiento
- El tesoro del vegetariano
- El último Papa
- El verdadero Jesús según los manuscritos de Nag Hamadi
- En busca del evangelio perdido
- Exorcismo
- Fantasmas
- Feng Shui y su magia
- Gran recetario de magia blanca
- Hechizos amorosos
- Hipnosis. El control de la mente
- Iridología. El diagnóstico por el iris
- La cruz y la svástica
- La Inquisición
- La Palestina de Jesús
- La Revolución Francesa
- La sábana santa y el santo sudario
- La Segunda Guerra Mundial
- La urna de Santiago
- La verdadera tumba de Jesús
- Las claves de la vida eterna
- Las mentiras de la historia
- Los aztecas
- Los chinos
- Los egipcios
- Los enigmas de Jesús
- Los enigmas de la Biblia
- Los griegos
- Los hindúes
- Los incas
- Los mayas
- Los romanos
- Los secretos de los templarios
- Magia amorosa. Los rituales del amor
- Magia blanca
- Magia natural. Animal, vegetal y mineral
- Magia y brujería
- Magnetismo. El poder de la atracción
- Mentiras y escándalos
- Mesopotamia
- Mitos y ritos en Grecia
- Nostradamus. Sus secretos...
- Operación barbarroja
- Parapsicología. El otro conocimiento
- Recetario de magia blanca y negra
- Rituales mágicos
- Rituales para trabajos mágicos
- Santería. Misterios y secretos
- Santería. Ritos, adivinación y magia
- Sectas destructivas
- Telepatía. La comunicación mental
- Vitaminas para el alma
- Wicca. La otra brujería

Impreso en los talleres de
Trabajos Manuales Escolares,
Oriente 142 No. 216
Col. Moctezuma 2a. Secc.
Tels. 5 784.18.11 y 5 784.11.44
México, D.F.